Bouesse Arafat NZABA M.

Le chant des mots : Les poésies

Printed by Books on Demand GmbH, Norderstedt / Germany

Bouesse Arafat NZABA M.

Le chant des mots : Les poésies

Éditions Muse

Imprint
Any brand names and product names mentioned in this book are subject to trademark, brand or patent protection and are trademarks or registered trademarks of their respective holders. The use of brand names, product names, common names, trade names, product descriptions etc. even without a particular marking in this work is in no way to be construed to mean that such names may be regarded as unrestricted in respect of trademark and brand protection legislation and could thus be used by anyone.

Cover image: www.ingimage.com

Publisher:
Éditions Muse
is a trademark of
Dodo Books Indian Ocean Ltd. and OmniScriptum S.R.L publishing group

120 High Road, East Finchley, London, N2 9ED, United Kingdom
Str. Armeneasca 28/1, office 1, Chisinau MD-2012, Republic of Moldova, Europe
Printed at: see last page
ISBN: 978-620-4-96448-5

Le chant des mots : Les poésies

par NZABA Arafat

Le livre intitulé "Le chant des mots" de NZABA Arafat est une œuvre poétique fascinante qui plonge le lecteur dans un bel univers littéraire. L'auteur utilise habilement les mots pour créer des sentiments profonds, qui touchent le cœur de son lecteur.

Le recueil de poèmes de NZABA Arafat est un véritable hymne à la beauté de la langue française. Chaque poème est une mélodie envoûtante, un chant d'amour à la langue française, qui laisse une empreinte indélébile dans l'esprit.

Les thèmes abordés dans ce livre sont universels et intemporels.

Les poèmes sont écrits avec une grande simplicité et une profondeur émotionnelle, qui donnent vie aux personnages et aux paysages décrits.

"Le chant des mots" est un livre sensationnel qui plaira à tous les amoureux de la poésie intelligente, ainsi qu'à ceux qui cherchent une source d'inspiration et de réconfort dans un monde parfois difficile.

Ce recueil de poèmes est un véritable trésor, qui mérite une place de choix dans la bibliothèque de tout amateur de littérature.

1- Le temps moderne,

Le temps moderne nous a donné des ailes,
Nous avons la capacité de voler comme des oiseaux,
De parcourir le monde en quelques heures,
Mais avons-nous oublié l'importance de rester à terre ?
Nous avons créé des villes de béton,
Où la nature est une rareté,
Le temps moderne nous a peut-être donné des ailes,
Mais avons-nous perdu notre lien avec la terre ?

2- Un monde des contrastes

Le temps moderne est un monde de contrastes,

Où la richesse et la pauvreté coexistent,

Nous avons des gratte-ciel qui touchent le ciel,

Mais avons-nous oublié les sans-abris qui vivent dans les rues?

Nous avons des smartphones et des ordinateurs,

Mais avons-nous oublié les gens qui n'ont pas d'accès à l'éducation ?

Le temps moderne est un monde de contrastes,

Où la richesse et la pauvreté se battent.

3- Un cadre abstrait

Dans un cadre abstrait,
Des couleurs vives jaillissent,
La toile est un portrait
De ce que l'artiste ressent.
Des formes géométriques
Forment un tout énigmatique,
Et nous invitent à contempler
La beauté de l'inexpliqué.

4- Une peinture sur toile

Sur la toile, des traits,
Des formes qui se chevauchent,
Comme un puzzle incomplet,
Un univers qui s'approche.
Le peintre manie le pinceau
Avec une touche de virtuosité,
Et nous offre un tableau
Qui nous laisse bouche bée.

5-Les couleurs de la toile

Dans cette peinture,
Des couleurs sombres se mêlent,
Des traits qui donnent l'allure
D'une œuvre qui interpelle.
Le peintre a su capturer
Les émotions les plus profondes,
Et les a transposées
Sur cette toile immonde.

6 - Belle composition

Dans un jeu de couleurs,

La toile s'illumine,

Le peintre a su donner

Une vie à ce qu'il imagine.

Des formes qui s'entremêlent

Créent un mouvement gracieux,

Et nous transportent dans un monde

De poésie et de merveilleux.

7- Le peintre nous invite

Le peintre nous invite
Dans son monde imaginaire,
Un univers où la vie
Se dessine sans contrainte.
Les couleurs sont éclatantes,
La lumière est vibrante,
Et nous émerveillent
Dans ce tableau enivrant.

8- Le voyage à travers la peinture

La toile est un paysage
Où la nature est à l'honneur,
Le peintre a su rendre hommage
À ce qui nous entoure.
Des couleurs qui se fondent,
Des formes qui se répondent,
Et nous emmènent dans un voyage
Où la beauté est en partage.

9- Des traces indélébiles

Dans cette peinture abstraite,
Des couleurs qui se superposent,
Des formes qui se dérobent,
Et nous laissent perplexes.
Le peintre a su manier
Le pinceau avec dextérité,
Pour créer une œuvre qui laisse des traces.

10- L'univers du peintre

La toile est une danse,
Où les couleurs sont les partenaires,
Le peintre a su donner naissance
À un univers sans frontière.
Des formes qui se mouvoient,
Des couleurs qui flamboient,
Et nous invitent à participer
À cette fête enivrante et ensoleillée.

11- L'émotion du peintre

Le peintre a su exprimer

Les émotions les plus intimes,

Sur cette toile enflammée,

Où les couleurs sont en équilibre.

Des formes qui s'entrechoquent,

Des couleurs qui se juxtaposent,

Et nous laissent découvrir

L'âme de l'artiste dans un soupir.

12- la peinture contemporaine

Dans cette peinture contemporaine,
Le peintre a su se surpasser,
En créant une œuvre certaine,
Où les couleurs se font embrasser.
Des formes qui s'entrelacent,
Des couleurs qui s'enlacent,
Et nous laissent émerveillés
Face à tant de beauté.

13- Le cinéma

Le futur, c'est le cinéma,

Où tout est possible, où tout est beau.

Des histoires merveilleuses, des mondes inconnus,

Des héros courageux, des amours éperdus.

Le futur nous attend sur grand écran,

Des aventures incroyables, des rêves qui se déchaînent.

Alors installez-vous confortablement,

Et laissez-vous emporter par ces moments.

Le cinéma nous offre un avenir étonnant,

Des émotions qui resteront en nous pour toujours.

14- Le cinéma est roi

Dans le futur, le cinéma sera roi,

Remplacera les histoires autour du feu,

Les lectures sur le chevet des lits,

Il y aura des images plus vraies que nature,

Des effets spéciaux à couper le souffle,

Des histoires qui nous emportent hors de la nature.

Le cinéma sera notre fenêtre sur le monde,

Nous offrant des voyages sans fin,

Des aventures palpitantes et des drames émouvants,

Le cinéma sera en 3D, metaverse, sur grand écran.

Nous regarderons en arrière avec émerveillement,

Sur les films qui ont inspiré notre imagination,

Et nous continuerons à rêver en grand.

15- Les liens de l'écran

Le cinéma et le futur sont liés,
Des visions de ce que pourrait être notre monde.
Des histoires d'amour et de tragédie,
Des mondes fantastiques, des rêves réalisés.
Le cinéma nous permet d'explorer,
Des possibilités que nous n'avons jamais connues,
Des visions de la vie dans d'autres galaxies,
Des histoires de bravoure et de lutte contre l'adversité.
Le futur nous attend sur grand écran,
Nous permettant d'imaginer de nouveaux mondes,
Et le cinéma sera toujours là pour nous divertir,
Vers des aventures incroyables qui nous attendent.

16- La vision de demain

Le cinéma est une fenêtre sur le futur,

Nous montrant ce qui pourrait être,

Des possibilités qui s'ouvrent devant nous,

Des rêves qui peuvent être réalisés.

Le cinéma nous transporte dans des mondes imaginaires,

Où tout est possible, où tout est réalisable.

Nous permettant de rêver à des mondes nouveaux,

Et d'imaginer ce que l'avenir nous réserve.

Le cinéma est notre vision pour demain,

Nous inspirant à croire en l'impossible,

Et nous donnant le courage de poursuivre nos rêves,

Vers un avenir plus brillant et plus beau.

18- Une fenêtre sur l'avenir

Le cinéma est notre fenêtre sur l'avenir,

Un aperçu de ce que l'on peut espérer.

Des histoires qui inspirent et qui émeuvent,

Des mondes imaginaires qui nous éblouissent.

Le futur est incertain, mais le cinéma nous montre,

Des histoires qui transcendent le temps et l'espace,

Et nous inspirent à imaginer de nouveaux horizons.

19- Anges

Au sommet des cieux, les anges planent

Leurs ailes blanches doucement battent

Ils répandent amour et lumière

Dans un monde souvent austère

Ils protègent les âmes égarées

Les guidant vers la voie sacrée

Les anges sont des êtres divins

Leurs visages toujours sereins

Dans nos cœurs, ils laissent une empreinte

De leur grâce et de leur sainteté.

20-Démons

Les démons dans l'obscurité rampent

Leurs yeux rouges et leur souffle glapissent

Ils hantent les âmes tourmentées

Les poussant vers les profondeurs damnées

Les démons sont des créatures perfides

Leurs sourires malicieux nous guident

Vers la voie de la destruction

Où règne la désolation

Mais la lumière de l'amour triomphe

Et leur pouvoir s'efface dans la nuit.

21-Antiquité

L'Antiquité, berceau de la civilisation
Où les Grecs et les Romains en compétition
Ont érigé des temples et des monuments
Dédiés aux dieux et aux événements
Des épopées mythologiques ont inspiré
Des histoires de héros et de divinités
La sagesse de leurs enseignements
Est un trésor pour les générations suivantes
L'Antiquité, source de connaissances
Un héritage pour l'humanité en perpétuelle évolution.

22-Mythologie

La mythologie, univers de légendes
De héros, de dieux et de déesses
Des batailles épiques et des aventures
Qui ont marqué l'histoire de l'humanité
Les dieux de l'Olympe, Zeus, Apollon,
Athéna, Héra et bien d'autres encore
Leurs histoires captivent notre imagination
Leurs exploits restent gravés dans la mémoire
La mythologie, source de fascination
Une inspiration pour la littérature et l'art.

23-JEUX OLYMPIQUES

Les Jeux Olympiques, célébration du sport
De l'endurance, de la force et de l'effort
Des athlètes venus du monde entier
Pour rivaliser dans l'esprit de fraternité
Les médailles d'or, d'argent et de bronze
Sont le reflet de leur courage et de leur compétence
Les Jeux Olympiques, symbole de l'unité
Une occasion de mettre en avant l'humanité
Dans la compétition, l'esprit sportif triomphe
Et les valeurs du fair-play sont mises en avant.

24-Sur le tapis rouge

Sur le tapis rouge
Des étoiles éblouissantes,
Des regards, des sourires,
Tous les yeux sont rivés
Sur la beauté rayonnante.
Le monde de la célébrité,
Un monde qui brille de mille feux,
Mais derrière les paillettes,
Les sacrifices et les efforts sont nombreux.

Les applaudissements retentissent,
Les flashs crépitent,
Sur le tapis rouge,
Tout est magnifique.

25-Tout ce qui brille

Tout ce qui brille
N'est pas forcément or,
Mais le scintillement
Peut faire battre les cœurs.
Le bling-bling et le glamour,
Des mots qui font rêver,
Mais la vraie richesse,
Est celle qu'on sait cultiver.

L'éclat de la réussite,
Est un reflet de l'effort,
Et le vrai bonheur,
N'est pas dans les objets.

Alors n'oublions pas,
Qu'au-delà des apparences,
C'est la beauté de l'âme,
Qui a le plus de sens.

26- L'école

L'école est le chemin

Pour construire son destin,

Le savoir et la connaissance,

Sont des clés pour l'existence.

Avec des efforts et de la rigueur,

On peut atteindre la réussite,

Et l'école nous ouvre les portes,

D'une vie meilleure et plus épanouissante.

Les professeurs, les camarades,

Des personnes qui nous inspirent,

Nous encouragent et nous guident,

Pour nous aider à grandir.

L'école, c'est une étape importante,

Qui prépare à l'avenir,

Et nous permet de tracer,

Notre propre chemin à suivre.

27-La musique

La musique est un art
Qui vient du plus profond du cœur,
Elle touche l'âme, les sentiments,
Et nous transporte ailleurs.
La mélodie et les paroles,
Sont un langage universel,
Qui traverse les frontières,
Et unit tous les êtres.

La musique est un vecteur
De joie, d'émotions et de partage,
Et ceux qui la pratiquent,
Font de cette passion leur métier.

Le succès musical est une consécration,
D'un travail acharné et passionné,
Et celui qui touche les étoiles,
Est un artiste accompli et inspirant.

28- Le disque d'or

Le disque d'or,
Une récompense d'exception,
Pour un album de musique,
Qui a touché les passions.
Les ventes qui explosent,
Les fans qui se multiplient,
La musique qui fait vibrer,
Les cœurs des mélomanes ébahis.

Le disque d'or est un symbole,
De la reconnaissance du public,
Pour un artiste qui a su toucher,
Les émotions les plus authentiques.

C'est une fierté et un honneur,
Pour celui qui le reçoit,
Et une motivation pour continuer,
À créer et à émouvoir.
Car la vie est une scène,
Et la musique en est la bande-son,
Chaque jour est une opportunité,

Pour réaliser nos rêves et nos passions.

29- Je voudrai être

Bien sûr, je voudrais être
Un oiseau dans les cieux
Libre, volant sans arrêt
Dans les nuages bleus

Ou peut-être un poisson
Dans l'eau pure et limpide
Nageant sans aucune raison
Vers les profondeurs les plus humides

Mais peut-être que ce que je veux
C'est être un arbre, planté dans la terre
Avec des racines solides, jamais heureux
De jamais bouger, comme si rien ne pouvait le défaire

Je rêve aussi d'être une fleur
Belle et douce, au parfum enivrant
Attirant les abeilles, pour des heures

De doux bourdonnement et de butinage passionnant

Et si j'étais un chat, sans souci
Je dormirais toute la journée
Manger, ronronner, jouer avec des souris
La vie serait belle, si insouciante et bien-aimée

Finalement, je voudrais être moi
Simple, mais heureux, avec ceux que j'aime
Dans un monde rempli de joie
Et de rires, de sourires, sans fin, sans peine.

30- Le jardinier

Un jardinier, sur son terrain,
Plante des fleurs, des herbes, des grains.
Il creuse des trous et arrose la terre,
Veillant à ce que chaque plante prospère.
Son jardin est son royaume,
Un endroit où il se sent chez lui,
Où chaque plante est une bénédiction,
Et chaque graine est un miracle.
Le jardinier est un artiste,
Un magicien de la nature,
Et son travail est un héritage,
Pour les générations futures.

31-L'infirmière

L'infirmière, avec un sourire chaleureux,
Soigne les malades et les blessés.
Elle prend leur pouls et leur température,
Et leur donne des médicaments avec habileté.
Elle écoute attentivement leurs plaintes,
Leurs peurs et leurs espoirs,
Et leur apporte un peu de réconfort,
Dans leurs moments les plus noirs.
L'infirmière est un ange de la santé,
Un pilier de la communauté,
Et sa présence est un baume,
Pour ceux qui sont dans le besoin.

32-Le professeur

Le professeur, debout devant la classe,
Enseigne les mathématiques et la science.
Il explique les théories et les concepts,
Et montre aux élèves comment réfléchir avec précision.
Il leur donne des devoirs et des examens,
Pour les préparer à l'avenir,
Et leur montre que le savoir est la clé,
Pour déverrouiller toutes les portes de la vie.
Le professeur est un maître de l'éducation,
Un guide pour les esprits en formation,
Et sa passion pour l'apprentissage,
Est une source d'inspiration.

33-L'avocat

L'avocat, dans son costume élégant,

Défend les droits des plus faibles.

Il étudie les lois et les précédents,

Et fait valoir leurs arguments avec conviction.

Il se bat pour la justice et l'égalité,

Et met en lumière les vérités cachées,

Et aide ceux qui ont été trompés,

À obtenir la réparation qu'ils méritent.

L'avocat est un guerrier de la loi,

Un protecteur des opprimés,

Et sa détermination à faire triompher le bien,

Est une force qui rend le justiciable serein.

34-Le cuisinier

Le cuisinier, dans sa toque blanche,
Prépare des repas délicieux et savoureux.
Il mélange les ingrédients avec soin,
Et surveille la cuisson avec attention.
Il ajoute des épices et des herbes,
Pour donner aux plats leur saveur unique,
Et présente chaque plat avec fierté,
Comme une œuvre d'art culinaire.
Le cuisinier est un artiste de la cuisine,
Un maître de la gastronomie,
Et son amour pour la nourriture,
Est une fête pour les sens.

35-Le cœur

C'est l'organe de la vie

Qui pompe le sang nuit et jour

Dans le corps il fait le tour

Pour nourrir chaque cellule asservie

36-Le foie

C'est la centrale du corps
Il détoxifie et purifie
Tout ce que nous mangeons
Avant de l'envoyer plus loin

37-Les poumons

Ils apportent l'air pur
À chaque respiration
Pour que notre corps endure
La vie dans chaque situation

38-Les reins

Ils éliminent les déchets

Et régulent notre eau

Ils assurent le bilan parfait

Et nous gardent en bonne santé

39-L'estomac

C'est l'usine de la digestion

Qui transforme tout en nutriments

Il broie, malaxe et mixe tout en un

Pour que notre corps reçoive l'essentiel

40-Le pancréas

Il produit les enzymes digestives
Et régule le taux de sucre
Dans notre corps il est vif
Et travaille sans interruption

41-Le cerveau

C'est l'organe du commandement
Qui dirige tous les mouvements
Il pense, imagine et ressent
Et nous rend plus intelligent

42-La vessie

Elle stocke notre urine
Jusqu'à ce que nous soyons prêts
À la libérer avec une aubaine
Et soulager notre corps en secret

43-Les glandes surrénales

Elles produisent les hormones
Qui contrôlent notre corps
Le stress, la peur, la joie, la tristesse
Sont régulés par ces petits corps

44-Le système lymphatique

Il protège notre corps contre les infections

Il transporte les globules blancs

Et nettoie les déchets avec attention

Pour maintenir notre corps en bonne santé.

45-La Roue

La roue, cette merveille,

A révolutionné le transport,

Lentement, mais sûrement,

Elle a changé le monde.

Des chariots aux voitures,

La roue a ouvert la voie,

L'humanité peut maintenant

Voyager vite et loin.

46-L'Électricité

L'électricité, cette magie,

A illuminé notre nuit,

Des villes brillent de mille feux,

Grâce à elle, nous éclairons la vie.

Des machines aux ordinateurs,

L'électricité nous a tous connectés,

Elle est une force pour le progrès,

Nous pouvons accomplir des merveilles.

47-L'Avion

L'avion, cet oiseau en acier,
A changé notre façon de voyager,
Nous pouvons voler à travers les cieux,
Explorer de nouveaux horizons.
De l'autre côté du monde,
Nous pouvons maintenant nous rendre,
Les distances ne sont plus un problème,
L'avion a brisé toutes les chaînes.

48-Internet

Internet, ce réseau mondial,

A connecté notre planète,

Nous pouvons maintenant communiquer,

Avec des personnes partout.

Des e-mails aux réseaux sociaux,

Internet est une merveille,

Nous pouvons apprendre et grandir,

Dans une communauté sans pareil.

49- L'invention du téléphone

Le téléphone, cette merveille,
A rendu la distance plus petite,
Nous pouvons entendre la voix,
De ceux que nous aimons à tout moment.
Des téléphones fixes aux portables,
Nous sommes connectés partout,
Le monde est à portée de main,
Le téléphone nous a rapprochés.

L'invention du téléphone,
Fut une grande révolution,
Une nouvelle communication,
Pour lier les cœurs, les nations.

Avec cet outil incroyable,
Les distances ne sont plus un obstacle,
Les conversations deviennent agréables,
Les échanges sont plus que probables.

Le téléphone a permis

De rester en contact avec ceux qu'on aime,
De parler à des gens loin de nos frontières,
De vivre des moments de bonheur.

Mais il faut dire aussi
Que le téléphone peut nuire,
Aux relations vraies et durables,
Quand il devient un écran indéchiffrable.

Le téléphone, comme toute invention,
Doit être utilisé avec raison,
Pour ne pas se perdre dans l'illusion,
Et garder le contact avec les vraies émotions.

50- La Machine à Vapeur

La machine à vapeur, cette invention,

A transformé notre monde,

Elle a alimenté les trains,

Et les machines dans les usines.

De l'industrie à la production,

Dans le passé, la machine à vapeur a révolutionné,

Elle est la force motrice,

Qui a changé notre façon de se déplacer.

Printed by Books on Demand GmbH, Norderstedt / Germany